Tim Stettner

Anwendungsintegration

Methoden, Konzepte und aktuelle Entwicklungen

Tim Stettner

Anwendungsintegration

Methoden, Konzepte und aktuelle Entwicklungen

GRIN Verlag

Bibliografische Information der Deutschen Nationalbibliothek: Die Deutsche Bibliothek
verzeichnet diese Publikation in der Deutschen Nationalbibliografie; detaillierte bibliografische Daten sind im Internet über http://dnb.d-nb.de/ abrufbar.

1. Auflage 2008
Copyright © 2008 GRIN Verlag
http://www.grin.com/
Druck und Bindung: Books on Demand GmbH, Norderstedt Germany
ISBN 978-3-640-16499-8

FOM Fachhochschule für Oekonomie & Management
Neuss

Berufsbegleitender Studiengang zum
Dipl.-Wirtschaftsinformatiker (FH)
6. Semester

Hausarbeit zum Thema

Anwendungsintegration

Methoden, Konzepte und aktuelle

Entwicklungen

Autor: Tim Stettner

Neuss, im Juni 2008

Inhaltsverzeichnis

Abbildungsverzeichnis

1 Einführung in die Arbeit

Im Umfeld der Unternehmensanwendungen sind Begriffe wie „Service-orientierte Architektur" (SOA) und „Enterprise-Service-Bus" (ESB) derzeit in aller Munde. Der zugrunde liegende Gedanke der Anwendungsintegration ist aber keinesfalls neu. Mit den vielzähligen Technologien, Konzepten und Standards wird das Bestreben unterstützt, verschiedene Anwendungen, die nicht für eine Zusammenarbeit entworfen worden sind, in gemeinsame Abläufe zu integrieren. Schließlich und endlich geht es immer wieder um den Datentransfer von einer Anwendung zu einer anderen.

1.1 Motivation der Anwendungsintegration

Der Einsatz von Informationstechnologie ist bereits seit langer Zeit ein unverzichtbarer Bestandteil vieler Organisationen. In den Arbeitsabläufen von Industrie-Unternehmen, Behörden etc. unterstützen IT-Systeme die Arbeit der Menschen oder automatisieren Vorgänge.

Allerdings arbeiten die wenigsten Systeme völlig autark und unabhängig von anderen. Die Zusammenarbeit kann sich darauf beschränken, dass Anwendungslogik, die einmal entwickelt wurde, an anderer Stelle wieder benutzt wird. Sie kann sich aber auch bis zur Ausgestaltung fachlicher Prozesse entlang der kompletten Wertschöpfungskette erstrecken.[1]

Die Schnittstellen-Landschaften sind dabei ein jeweils historisch gewachsenes Ergebnis, mit dem spezifische Integrationsanforderungen erfüllt worden sind. Ohne zentrale Koordination und durch die Verwendung verschiedenster Technologien ist hier an vielen Stellen die Wartung und Anpassung zu einer sehr komplexen Aufgabe geworden. In jüngerer Zeit haben sich zur Lösung dieser Problematik ganzheitliche Ansätze entwickelt.[2]

---

[1] Vgl. Fischer, S., Tiedemann, M. (2006), S. 812 ff.
[2] Vgl. Kaib, M. (2002), S. 2.

1.2   Motivation dieser Arbeit

Durch die historisch gewachsene Zahl von Alternativen ergibt sich heute oftmals das Problem der Auswahl des richtigen Integrationskonzepts für die jeweilige betriebliche Anwendungslandschaft.

Es liegt in der Natur der Sache, dass neuere Konzepte und Technologien viele Möglichkeiten und Vorteile im Vergleich zu den älteren mitbringen.

Dies ist im Wesentlichen darin begründet, dass sie dazu entwickelt wurden, immer komplexere Szenarien zu bewältigen.[3]

Dieser Umstand bedeutet jedoch nicht, dass der Einsatz der neuesten Entwicklungen in jeder Situation die richtige Lösung ist. Jede Variante hat dabei Vor- und Nachteile, die sie zur einzigen brauchbaren Möglichkeit, aber unter anderen Bedingungen auch unbrauchbar machen können.

Die Auswahl an Möglichkeiten kann auch zu Problemen führen. Es ist keine einfache Aufgabe, für das individuelle Integrations-Problem bzw. die Schnittstelle, die man gerade entwerfen muss, die optimale Methode und Technologie zu finden.

Die Beantwortung dieser Fragen erfolgt in der Praxis zumeist äußerst subjektiv. Man orientiert sich beispielsweise an

> ➤ bisher im Unternehmen bereits erfolgreich eingesetzten Vorgehensweisen, ohne neue Entwicklungen zu berücksichtigen,
>
> ➤ aktuellen Trends, wobei man hier ggf. Nachteile im erhöhten Evaluierungs- und Implementierungs-Aufwand in Kauf nimmt,
>
> ➤ der Meinung und der favorisierten Vorgehensweise externer Berater,
>
> ➤ den „out-of-the-box" mitgelieferten Bordmitteln von eingesetzten ERP-Systemen (Bsp.: SAP Netweaver-Plattform, Oracle Fusion).

Diese Arbeit soll einen Überblick über Methoden und Konzepte zur Anwendungsintegration bieten. Dabei richtet sich der Fokus auf die Grundlagen, die dem grundsätzlichen Verständnis dienen, sowie auf die aktuellen Entwicklungsansätze. Technologische Umsetzungen der vorgestellten Konzepte

---

[3] Vgl. Melzer, I. et al. (2007), S. 2.

und eingesetzte Produkte werden in dieser Ausarbeitung nicht berücksichtigt. Vielmehr soll sie bei der objektiven Bewertung des für den Anwendungsfall richtigen Integrations-Vorgehens helfen.

1.3 Abgrenzung und Begriffsklärung

1.3.1 EAI vs. Anwendungsintegration

Im täglichen Sprachgebrauch wird „Enterprise Application Integration" (EAI) zuweilen als Oberbegriff über alle Varianten der Integration von Anwendungen gebraucht (z.B. als Bezeichnung „EAI Competence Center" innerhalb einer Unternehmens-Organisation). Vom Begrifflichen her ist dagegen auch nichts einzuwenden. In der historischen Entwicklung wird mit dem Begriff EAI allerdings ein noch recht aktueller Evolutionsstand bei den Integrationskonzepten verbunden. So steht bei tatsächlichen EAI-Lösungen die so genannte *Hub-and-Spokes-Architektur* („Nabe und Speichen") im Mittelpunkt, um Anwendungen miteinander zu verbinden und Informationsflüsse im Unternehmen zu beschleunigen.[4] Diese Bedeutung wird auch im Rahmen dieser Arbeit verwendet. Auf EAI als Integrationskonzept wird im Kapitel 2.5 näher eingegangen. Als Oberbegriff für alle Varianten der Integration wird der allgemeinere Begriff „Anwendungsintegration" gebraucht.

1.3.2 A2A vs. B2B

Unter der genannten Voraussetzung, dass der Begriff der Anwendungsintegration als Oberbegriff verwendet wird, ist zu unterscheiden zwischen der reinen Integration von stattfindenden Geschäftsabläufen über Anwendungen innerhalb eines Unternehmens sowie der Integration von ganzheitlichen Geschäftsprozessen entlang einer Wertschöpfungskette, an denen verschiedene Unternehmen und deren Anwendungen beteiligt sind. Bei der ersten spricht von einer Integration „A2A" (Application to Application), letztere sind unter dem Akronym „B2B" (Business to Business) einzuordnen und damit auch der Kern des *Electronic Business*.[5]

---

[4] Vgl. Keller, W. (2002), S. 6 f.
[5] Vgl. Lebender, M. et al. (2003), S. 11, 23.

2   Anwendungsintegration

2.1   Hintergrund, Zielsetzung und heutige Bedeutung

2.1.1   Historische Entwicklung

In frühen Zeiten der Informatik standen für die Kommunikation zwischen Anwendungen lediglich traditionelle Medien wie Papier und Bleistift oder Telefon zur Verfügung. Die Daten mussten manuell aus einem System extrahiert und in ein anderes eingefügt werden. Doch schon bald entstanden - z.B. mit dem RPC [6], der Daten-Replikation oder dem Datei-Transfer über Netzwerke - Mechanismen zum automatischen Austausch von Daten. Im Laufe der Zeit wurden neuere Technologien und Konzepte entwickelt, da die Komplexität der Anforderungen dies erforderte. So entstanden beispielsweise RMI [7], CORBA [8] oder SOAP [9]. Die grundsätzliche Idee hinter dem jeweiligen Konzept verfolgt dabei allerdings immer das gleiche Ziel, die Integration von Anwendungen. [10]

2.1.2   Zielsetzung der Anwendungsintegration

Unabhängig von der konkreten Methode oder Technologie werden mit der Integration von Anwendungen zwei grobe Ziele verfolgt, nämlich

> ➤ das Einsparen von Kosten (für die Erstellung und Wartung von Schnittstellen)
>
> ➤ die Erhöhung der Flexibilität (bezüglich des Austauschs von einzelnen Systemen oder der Änderung von Geschäftsprozessen).

Diese beiden Grobziele können in drei Bereichen erreicht werden, die es sich näher zu betrachten lohnt. Diese Zielbereiche sind im Einzelnen: [11]

> ➤ Schnittstellen

---

[6] Remote Procedure Call, eine Technologie, mit deren Hilfe ein Netzwerk Funktionsaufrufe auf entfernten Rechnern durchgeführt werden
[7] Remote Method Invocation, eine Java-eigene Art des RPC
[8] Common Objects Request Broker Architecture, eine Spezifikation für eine objektorientierte Middleware
[9] Simple Objects Access Protocol, ein plattformunabhängiges Kommunikationsprotokoll für RPC
[10] Vgl. Melzer, I. et al. (2007), S. 2.
[11] Vgl. Fischer, S., Tiedemann, M. (2006), S. 812 ff.

➤ Geschäftsprozesse und Anwendungsentwicklung

➤ Investitionsschutz

Die Zielbereiche sind voneinander weitestgehend unabhängig. Das heißt, dass je nach Integrations-Szenario ein anderes Ziel oder eine andere Kombination von Zielen maßgeblich ist.

2.1.2.1 Schnittstellen

Die Problematik der so genannten „Spaghetti-Architektur" (d.h. einem sehr schwer zu übersehenden Geflecht von Punkt-zu-Punkt-Verbindungen) war der Auslöser für die Entwicklung der ersten ganzheitlichen Integrations-Ansätze. Deren Ziel, das auch heute noch aktuell ist, ist die Reduzierung der Anzahl und Heterogenität der Schnittstellen zwischen den Anwendungen. Dies erfolgt, um eine bessere Übersicht und Wartbarkeit der Anwendungslandschaft gewährleisten zu können. Außerdem soll dadurch eine automatisierte und schnellere Kommunikation zwischen diesen Anwendungen ermöglicht werden.[12]

Die Anforderungen des E-Business, die im Wesentlichen aus der Geschwindigkeit der Informationsflüsse und der Flexibilität bei der Integration neuer Anwendungen bestehen, können durch die ganzheitliche Integration der Schnittstellen tatkräftig unterstützt werden.[13]

2.1.2.2 Geschäftsprozesse und Anwendungsentwicklung

Die Integration von Geschäftsprozessen ist die eigentliche Kernidee hinter der Anwendungsintegration. Vor allem große Unternehmen sehen sich im Rahmen eines ablaufenden Geschäftsprozesses mit einer Vielzahl verschiedener Anwendungen konfrontiert, die sich auf verschieden flexible Art und Weisen „unterhalten".[14]

---

[12] Vgl. Fischer, S., Tiedemann, M. (2006), S. 812 ff.
[13] Vgl. Winkeler, T. et al. (2000), S. 11-13.
[14] Vgl. Keller, W. (2002), S. 25 ff.

Ziele, die durch die Integration von Geschäftsprozessen erreicht werden sollen, können dabei sein:[15]

> Industrialisierung der Abläufe im Unternehmen

> Kosteneinsparung durch Automatisierung einzelner oder vieler bereits vorhandener Geschäftsprozesse

> Wegfall von Mehrfacherfassungen bestimmter Daten in einem Prozess (Kosten- und Fehlerquelle)

> „Business meets IT" durch gemeinsame Definition und Implementierung von Geschäftsprozessen

In vielen Unternehmen ist die Kommunikation zwischen dem Fachbereich und den ihn unterstützenden IT-Stellen ein zentrales Problem. Auf Seiten des Fachbereichs werden die Anforderungen in einer meist technologiefreien Sprache formuliert. Die IT-Spezialisten dagegen denken in Anwendungen, die in der Regel nicht 1:1 auf die Anforderungen abgebildet werden können. Durch eine Kapselung der Anwendungen in fachlich abgegrenzte Services (Dienste) ist es möglich, den bislang fehlenden „gemeinsamen Nenner" für die Kommunikation zu finden.[16]

Diese Service-Orientierung bietet zudem die Möglichkeit, einen Geschäftsprozess durch die Aneinanderreihung von Service-Aufrufen abzubilden. Auf die fachliche Modellierung des Prozesses hat das zwar keine Auswirkungen, da dies nach wie vor die Aufgabe des Fachbereichs und nicht der IT ist. Aber die Abbildung des fachlichen Prozesses auf die unterstützenden Anwendungen wird durch diese zusätzliche Abstraktionsschicht wesentlich erleichtert.[17]

Hier kann die Anwendungsintegration einen wesentlichen Beitrag zur Erhöhung der Flexibilität bei Änderungen des fachlichen Prozesses leisten. Während ein solches Szenario auch heute noch zumeist unweigerlich zur Umprogrammierung von Anwendungen führen muss, soll es zukünftig ausreichen, die Services als

---

[15] Vgl. Stark, C. et al. (2006), S. 16.
[16] Vgl. Melzer, I. et al. (2002), S. 17-18.
[17] Vgl. ebd., S. 32-33.

Ganzes in einer anderen Reihenfolge zu verknüpfen. Deren interne Funktionalität bleibt davon aber unberührt.[18]

Im Idealzustand kann so eine neu zu entwickelnde Anwendung zu großen Teilen aus den im Unternehmen bereits vorhandenen Komponenten zusammengesetzt werden. Nur noch nie realisierte Funktionen müssen neu entwickelt werden. Auf diese Weise wird es möglich, ganze Services von externen Anbietern zu kaufen und zu nutzen. Auf Service-Ebene werden diese in die eigene IT-Landschaft integriert, müssen aber nicht im Rechenzentrum zum Laufen gebracht werden.[19]

2.1.2.3 Investitionsschutz

Durch Anwendungsintegration können viele bestehende (Legacy-) Anwendungen, die aufgrund von veralteter Technologie eigentlich abgelöst werden müssten, weiter genutzt werden. Ermöglicht werden kann dies zum einen durch Standardisierung der Zugriffs-Schnittstelle(n), zum anderen durch eine geeignete Kapselung. Die Altanwendung wird dann als „Black Box" genutzt, die sich nach außen genauso verhält wie eine neue Anwendung. So lassen sich auch Oberflächen von Großrechner-Transaktionen in moderne GUI-Anwendungen oder Webseiten integrieren.[20]

2.1.3 Stand heute

Die heutzutage aktuellste Evolutionsstufe in der Anwendungsintegration stellen die Service-orientierte Architektur (SOA) als unternehmensweite Anwendungsarchitektur, der Enterprise Service Bus (ESB) als Infrastrukturlösung und Web Services als verwendete Kommunikationstechnologie dar.[21]

Komplexe Anwendungen werden dabei in standardisierte Services aufgeteilt und zur Verfügung gestellt. Die Zusammenstellung erfolgt dann lose gekoppelt. Dies soll u.a. auch den Betrieb, die Wartung und die Pflege von monolithischen IT-Applikationen flexibler und günstiger machen.[22]

---

[18] Vgl. Kaib, M. (2002), S. 80.
[19] Vgl. Fischer, S., Tiedemann, M. (2006), S. 812 ff.
[20] Vgl. Keller, W. (2002), S. 63-64.
[21] Vgl. Melzer, I. et al. (2007), S. 2.
[22] Vgl. Manhart, K. (2006), S. 1.

Auf die einzelnen Bestandteile wird in den folgenden Kapiteln noch näher eingegangen.

2.2   Middleware

Zum besseren Verständnis, aber ohne auf technische Details einzugehen, wird an dieser Stelle der Begriff der Middleware erläutert.

Im Mittelpunkt der Anwendungsintegration steht das Bestreben, autark voneinander existierende Anwendungen zu verbinden. Dies ist die Aufgabe von sogenannter Middleware. Sie wird beispielsweise eingesetzt, einen Webserver mit einer Datenbank zu verbinden, so dass der Benutzer über ein Webformular eine SQL-Abfrage realisieren kann. Wie die Middleware im Einzelnen realisiert ist, hängt u.a. von der verwendeten Integrationsmethode und –topologie ab. Häufig verwendete Kategorien sind dabei entfernte Funktionsaufrufe (RPC, RMI), verteilte Objekttechnologie (Object Request Broker), Software für den Zugang zu Datenbanken (bspw. ODBC, JDBC) oder Software für die Weitergabe von Nachrichten (Message Passing).[23]

2.3   Methoden der Anwendungsintegration

Zur Erläuterung der Integrationsmethoden wird hier im Wesentlichen auf den Ansatz nach Keller zurückgegriffen.

Er basiert auf der Darstellung eines betrieblichen Informationssystems in Form von drei Schichten: Benutzerschnittstelle, Anwendungskern und Datenhaltung. Dementsprechend unterscheidet Keller die im Folgenden vorgestellten Ansatzpunkte für die Integration von Anwendungssystemen.[24]

---

[23] Vgl. Ruh, W. et al. (2001), S. 2.
[24] Vgl. Keller, W. (2002), S. 61.

[Quelle: Keller, W. (2002), S. 60]

Abbildung 1 : Die Einteilung eines betrieblichen Informationssystems in drei Schichten

2.3.1 Integration über Benutzerschnittstellen

Das Prinzip ist hierbei die Erstellung einer neuen Benutzeroberfläche über den bereits existierenden. Sei es aufgrund einer besseren Benutzbarkeit oder einer integrationsbedingt erweiterten Funktionalität.

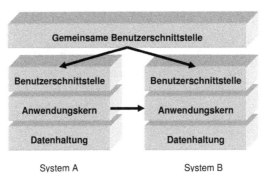

[Quelle: Keller, W. (2002), S. 61]

Abbildung 2 : Integration über die Benutzerschnittstelle

Eine Integration über die Benutzerschnittstelle kann beispielsweise über einen Portal-Server realisiert werden, aber auch durch „Screen Scraping", also das „Abkratzen" der Benutzerschnittstelle, wie es im Wesentlichen bei Host-Systemen zum Teil notwendig ist. Auf diese Weise wird der Datenstrom einer Großrechner-Transaktion, der sonst auf einem Terminal angezeigt wird so aufbereitet, dass er bspw. in einer Java- oder Web-Anwendung angezeigt werden kann. [25]

---

[25] Vgl. Keller, W. (2002), S. 61-65.

2.3.2   Integration über Funktionsaufrufe

Hierunter wird auch der Aufruf einer Funktionalität eines Anwendungskerns von einem anderen Anwendungskern verstanden. Dies ist ein sehr weites Feld, und es gibt folglich sehr viele Faktoren und Designfragen, die beeinflussen, auf welche Art diese Integration im Detail realisiert wird. Beispielsweise spielt hier eine Rolle, ob die Anwendungen eine sauber definierte Schnittstelle haben oder ob ein Modul bzw. ein Unterprogramm einer anderen Anwendung direkt genutzt wird.

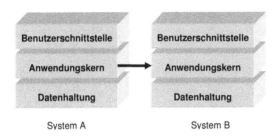

[Quelle: Keller, W. (2002), S. 66]

Abbildung 3 : Integration über Funktionsaufrufe

Ob in dem konkreten Integrationsszenario beide Systeme über eine eigene Benutzerschnittstelle verfügen, hängt im Einzelfall von den zu erreichenden Zielen ab. Vor allem entscheidet hier die Antwort auf die Frage, ob beide Systeme nach der Integration weiter für den Anwender in Betrieb bleiben.[26]

2.3.3   Integration über Datenbanken

Keller definiert die Integration über Datenbanken als die Kommunikation mehrere Anwendungen über eine gemeinsame Datenbasis. Er unterscheidet dabei zwei Szenarien, nämlich die Integration über föderierte Datenbanken (d.h. die Nutzung mehrerer Datenbanken, die über eine Abstrahierungsschicht so zusammengefasst werden, dass sie für den Programmierer wie eine einzige aussehen; vgl. Abbildung 4) und die Integration über gemeinsame Datenbanken (also die Benutzung einer Datenbank durch mehrere Anwendungen; vgl. Abbildung 5).[27]

---

[26] Vgl. Keller, W. (2002), S. 66.
[27] Vgl. ebd., S. 67-68.

[Quelle: Keller, W. (2002), S. 67]

Abbildung 4 : Integration über föderierte Datenbanken

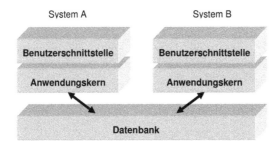

[Quelle: Keller, W. (2002), S. 68]

Abbildung 5 : Integration über gemeinsame Datenbanken

2.3.4 Integration über Komponenten

Neben den drei wesentlichen Varianten existiert die Möglichkeit der Integration über Komponenten. Hierunter fallen Plug-ins (d.h. die Integration an dafür vorgesehenen Stellen) sowie Komponenten in so genannten Containern, z.B. *Enterprise Java Beans.*[28]

Das Wirtssystem muss für die Integration von Plug-ins eine entsprechende Schnittstelle bereitstellen, an die sich das Plug-in binden kann. So können auch funktionale Erweiterungen einer Software implementiert werden, die bei dem ursprünglichen Entwurf noch nicht notwendigerweise geplant waren. Plug-ins nutzen dabei meist eine sehr starre Schnittstelle oder Fassade. Diese ist dann

---

[28] Vgl. Keller, W. (2002), S. 68-69.

bspw. auf einen bestimmten Browser beschränkt und damit nicht sonderlich flexibel einsetzbar.[29]

2.3.5 Wann hilft welche Methode?

Bei den vorgestellten Methoden handelt es sich nicht um vollständige Alternativen mit klaren Vor- und Nachteilen gegenüber der jeweils anderen. Die Wahl der richtigen Integrationsmethode kommt vielmehr auf das Integrationsziel an.

So ist die Zusammenfassung von mehreren Benutzeroberflächen in einem Portal dann sinnvoll, wenn verschiedene Benutzergruppen rfene Anwendungssysteme zusammenarbeiten zu lassen, unabhängig vom Vorhandensein einen einfachen, zentralen Zugriff auf Datenquellen, Anwendungen und Geschäftsprozesse erhalten sollen. Die Integration auf Funktionsebene entwickelt dann ihre Vorteile, wenn es vorrangig darum geht, getrennt voneinander entwo einer Schnittstelle für den Benutzer. Darin liegt der fundamentale Unterschied zwischen diesen beiden Methoden. [30]

Im Bereich der Datenbankintegration stellt die erste Variante eher eine Komplexitätsreduktion für den Entwickler dar, denn er muss sich hier nur noch um eine einheitliche Datenzugriffsmethodik kümmern. Auch die Sicherstellung verteilt ablaufender Transaktionen auf den verschiedenen Datenbanken entfällt in dieser Form. Das zweite Szenario, also der gemeinsame und direkte Zugriff von zwei Anwendungen auf eine Datenbank kann problematisch sein. Denn wenn eine Anwendung in die Datenbank einer anderen Anwendung schreibt, ohne dass der Anwendungskern der anderen Anwendung involviert ist, dann ist dies nicht nur architektonisch unelegant, sondern auch gefährlich im Hinblick auf die Datenintegrität. Diese wird normalerweise im Anwendungskern abgeprüft, bevor die Datenbank angesprochen wird.[31]

Die Komponentenintegration dient im Wesentlichen der Erweiterung der Funktionalität einer einzelnen Anwendung. Hier steht der Gedanke der

---

[29] Vgl. Gamma, E. et al. (2004), S. 212 f.
[30] Vgl. Saarinen, M. (2003), S. 6.
[31] Vgl. Keller, W. (2001), S. 67.

Zusammenarbeit mehrerer Anwendungsfunktionen nicht im Vordergrund, die Methode sei hier nur der Vollständigkeit halber erwähnt.

2.4   Topologien der Anwendungsintegration

2.4.1   Punkt-zu-Punkt-Verbindungen

Eine Punkt-zu-Punkt-Verbindung verknüpft genau zwei Software-Komponenten miteinander und ist im Allgemeinen speziell für diese eine Kommunikation geplant und implementiert worden.

Die ausschließliche Verwendung dieser Art von Integration in größeren Unternehmen stellt den Zustand dar, der mit Hilfe anderer Integrationskonzepte geändert werden soll. Er ist gekennzeichnet durch eine Vielzahl von einzelnen Verbindungen und wird oftmals als „Spaghetti-Architektur" bezeichnet.

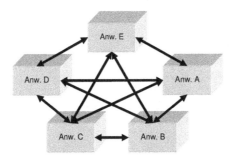

[in Anlehnung an: Horn, T. (o.J.)]

Abbildung 6 : Skizze einer Punkt-zu-Punkt-Integration

Diese Vorgehensweise kann in einem Szenario weniger Systeme mit wenigen Verbindungen praktikabel sein. Einzelne Systeme sind jedoch nur mit großem Aufwand austauschbar. Das Konzept zeichnet sich aus durch geringe Kosten für die Einführung, jedoch hohen Folgekosten aus.[32]

---

[32] Vgl. Horn, T. (o.J.), o.S.

2.4.2 Hub-and-Spokes

Die Hub-and-Spokes-Architektur (Nabe und Speichen) verfolgt das Prinzip einer zentralen Instanz, an die sich jede zu integrierende Anwendung mit Hilfe von Adaptern oder Konnektoren andocken kann. Die Kommunikation zwischen den angeschlossenen Anwendungen erfolgt also nie direkt, sondern stets über den zentralen Broker.

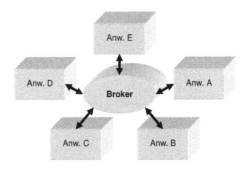

[in Anlehnung an: Horn, T. (o.J.)]

Abbildung 7 : Hub-and-Spokes-Integration

Damit die Kommunikation unabhängig von einzelnen Anwendungen erfolgen kann, definiert der Broker ein zentrales, anwendungsunabhängiges Datenformat. Hierdurch wird in syntaktischer und ggf. sogar semantischer Hinsicht die Basis für die Interaktion zwischen den Anwendungen geschaffen.

Um an dieser zentral vermittelten Kommunikation teilhaben zu können, ist für jede Anwendung ein passender Adapter oder Konnektor notwendig. Dessen Aufgabe ist es, das anwendungsspezifische, meist proprietäre Format auf das o.g. zentrale, anwendungsunabhängige Format zu konvertieren. Häufig können solche Adapter fertig erworben werden, insbesondere für sehr verbreitete Systeme oder solche desselben Herstellers wie der Broker. Oftmals müssen sie aber auch selbst implementiert werden. Je nach Komplexität der Datenstrukturen und der Kommunikation kann dies einen nicht unerheblichen Aufwand darstellen.[33]

---

[33] Vgl. Lebender, M. et al. (2003), S. 17.

Die Nachrichten werden also vom zentralen Hub bzw. Broker als Informationsdrehscheibe empfangen, transformiert und weitergeleitet. Dies ist besonders für n:m- und komplexe Datenverteilungsmechanismen geeignet. Die Verteilung wird durch Regeln beschrieben. Diese Regeln können damit einen Workflow zwischen verschiedenen Anwendungen steuern.

Ein zentraler Hub könnte bei hohen Transfervolumina zum *Performance-Bottleneck* (Flaschenhals) werden, wenn er nicht skalierbar ist. Einzelne Systeme sind so mit geringem Aufwand austauschbar. Damit ist eine solche Integrations-Architektur sehr flexibel. Sie zeichnet sich durch hohe Einführungskosten und geringe Folgekosten aus.[34]

2.4.3 Bus-Systeme

Im Gegensatz zur Hub-and-Spokes-Architektur basiert eine Bus-Architektur auf dem so genannten *Publish & Subscribe* Prinzip: Informationen, die in einer Anwendung entstehen, werden auf einen zentralen Bus gesendet (*Publish*) und über diesen Weg den an den Bus angebundenen Applikationen zur Verfügung gestellt. Diese angeschlossenen Anwendungen entscheiden selbst, ob die jeweilige Information für sie relevant ist, und nehmen sie ggf. auf (*Subscribe*).

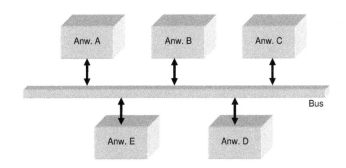

[in Anlehnung an: Horn, T. (o.J.)]

Abbildung 8 : Bus-Integration

---

[34] Vgl. Horn, T. (o.J.), o.S.

Auf einen zentralen Server, der die Verteilung der Nachrichten koordiniert, wird in einer Bus-Architektur verzichtet. Der zentrale Bus leitet die Nachrichten lediglich weiter und verteilt sie an die angebundenen Systeme. Die Architekturform wird in Szenarien eingesetzt, in denen entweder ein einzelnes System Daten für eine sehr hohe Anzahl von anderen Systemen zur Verfügung stellt, bzw. im umgekehrten Fall. Es steht also die Verteilung von identischen Massendaten im Vordergrund. Entsprechend vielseitig sind die Anwendungsmöglichkeiten, vor allem im Bereich der datenorientierten Integration. Solche Systeme eignen sich aufgrund der fehlenden Steuerregeln nicht für die Geschäftsprozess-Integration, sondern vielmehr für Kommunikation zwischen Anwendungen. Einzelne Systeme sind dabei mit geringem Aufwand austauschbar. [35]

2.5   Integrationskonzepte

Die Integration von Unternehmensanwendungen erfordert umfangreiche und weitgehende Entscheidungen auf technischer, fachlicher und strategischer Ebene. Mit dem Laufe der Zeit sind viele Konzepte entstanden, die eine ganzheitliche und durchdachte Integrationsstrategie auf Anwendungs- und Unternehmensebene ermöglichen. [36]

In diesem Kapitel wird auf die bedeutendsten Ansätze im Umfeld der Integrationskonzepte eingegangen. Notwendige Begriffe aus dem Bereich der verwendeten Technologien werden in diesem Zusammenhang erläutert.

2.5.1   Datenintegration

Bei der Integration auf Datenebene werden verschiedene Datenquellen miteinander verbunden, um Daten gemeinsam nutzen bzw. austauschen zu können. Es wird dabei nur die Datenhaltungs-Schicht der zu verbindenden Anwendungen angesprochen. Der Austausch von Dateien zwischen verschiedenen Systemen fällt nicht in diese Kategorie, denn hier wird weitere Programmlogik benötigt, um die empfangenen Daten zu verarbeiten.

---

[35] Vgl. Kudraß, T. (2005), S. 7 f.
[36] Vgl. Schulze, C., Koller, W. (2002), S. 118 f.

Die Datenintegration wird in die Bereiche Daten-Replikation und Daten-Föderation unterschieden.[37]

Datenreplikation bedeutet, dass Daten aus einer Datenquelle in eine andere kopiert werden. Dies impliziert keinen Anpassungsbedarf bei der Quell-Anwendung. Für die Zielanwendung ändert sich in der Regel auch nichts. Dies ist auch zugleich der markanteste Vorteil einer solchen Lösung. Problematisch sind in diesem Zusammenhang jedoch Veränderungen an der Datenbankstruktur. Diese müssen auf beiden Seiten überwacht werden. Auch die Möglichkeiten unterschiedlicher und sogar inkonsistenter Datenbestände sind zu beachten. Eine entscheidende Bedingung kann daher sein, dass die Zielanwendung ausschließlich lesend auf den Bestand zugreift und ihn so nicht verändern kann.[38]

Eine zweite Möglichkeit der Datenintegration bietet die Datenföderation bzw. die Integration über föderierte Datenbanken. Darunter wird die Vereinigung bestehender physischer Datenbanken zu einer neuen Datenbank verstanden. Dabei wird gegenüber den Anwendungen eine gemeinsame Datenzugriffsschicht dargestellt. So greift jede Anwendung mit demselben Protokoll auf denselben Datenbestand zu, ohne dass die Datenbanken an sich angepasst werden müssen.[39] Dies hebt die Nachteile der Datenreplikation weitestgehend auf, bedeutet jedoch Anpassungen an der Datenzugriffsschicht der zu integrierenden Anwendungen.

2.5.2   Enterprise Application Integration (EAI)

Die *Enterprise Application Integration* (EAI) verfolgt ein ganzheitliches Integrationskonzept. Ganzheitlich bedeutet hier, dass mit Hilfe von EAI-Produkten möglichst alle Unternehmensanwendungen, die an einem Geschäftsprozess beteiligt sind, ohne spürbaren Medienbruch und zumindest teilweise automatisiert diesen Prozess unterstützen können.[40]

---

[37] Vgl. Linthicum, D. (1999), S. 18 ff.
[38] Vgl. Lebender, M. et al. (2003), S. 17 f.
[39] Vgl. Keller, W. (2002), S. 91 ff.
[40] Vgl. Keller, W. (2002), S. 5.

Unter EAI versteht man dabei eine „Integrationsplattform, die die Infrastruktur-Architektur bereitstellt, um interne Geschäftsprozesse quer über verschiedene Applikationssysteme zu automatisieren und zu integrieren".[41]

Das Akronym EAI wird heute jedoch für nahezu jede Integrationsbemühung verwendet, obwohl hinter EAI im eigentlichen Sinne eine Plattform steckt, die auf einer *Hub-and-Spokes-Architektur* aufbaut (siehe dazu auch Kapitel 2.4.2).

Das Konzept der EAI sieht dabei drei Ebenen der Integration vor. Auf der **Datenebene** werden anfallende Datenobjekte wie Dateien, Nachrichten etc. von der Datenquelle zur Datensenke transportiert. Die Hauptanforderung ist der sichere Transport über verschiedene Systemplattformen hinweg. Auch bei Systemstörungen, z.B. durch Ausfall der Datenleitungen oder Zielrechner, darf kein Datenobjekt verloren gehen.[42]

Aufgabe der **Objektebene** ist es, die Daten in einem definierten Format mit einer für die Anwendung spezifischen Semantik in ein anderes, für das Zielsystem notwendiges Format unter Beibehaltung der Semantik zu konvertieren. Mit den bis heute üblichen Punkt-zu-Punkt-Verbindungen erfolgt diese Arbeit für jede Verbindung von neuem.[43]

Für die vollständige Integration aller Systeme (n) sind bei einer Punkt-zu-Punkt-Verbindung **n*(n-1)** Schnittstellen notwendig. Dies ist der Grund, weshalb oftmals die Folgekosten für die Integration von neuen Anwendungen oder die Änderung der Schnittstellen bestehender Anwendungen die eigentlichen Anschaffungskosten der Anwendung übersteigen. Durch die Verwendung einer zentralen Integrationslösung mit EAI verringert sich die Anzahl auf **n*2** Schnittstellen. Dies zeigt bereits das Einsparpotenzial ab einer gewissen Größe der zu integrierenden Systemlandschaft.[44]

Im Bereich des E-Business müssen zudem zusätzlich noch die verschiedenen Informationskanäle wie Internet, WAP, SMS etc. bedient werden, so dass sich die Anzahl der Schnittstellen dadurch zusätzlich erhöht. Durch die Ablösung der

---

[41] Martin, W. (2002), S. 1.
[42] Vgl. Dangelmaier, W. et al. (2002), S. 62 f.
[43] Vgl. Winkeler, T. et al. (2000), S. 10.
[44] Vgl. Kaib, M. (2002), S. 130.

Punkt-zu-Punkt-Verbindungen und statischen Geschäftsprozesse durch vernetzte Hub-and-Spoke-Verbindungen, bei denen die bereits realisiert Adaptierung wieder verwendet werden können, kann der Aufwand für die Einbindung weiterer Anwendungen gering gehalten werden.[45]

Auf der **Prozessebene** wird die Planungs- und Steuerungslogik der Geschäftsprozesse in der Integrationsplattform abgebildet. Diese Ebene stellt somit das eigentliche Herzstück einer EAI-Lösung dar, da sie hierdurch in die Lage versetzt wird, den kompletten Ablauf von Geschäftsprozessen, unter Einbeziehung der benötigten Anwendungen, abzubilden und automatisch zu steuern. In marktreifen EAI-Produkten wird dies zumeist durch so genannte *Processware* unterstützt. Das sind grafische Werkzeuge, die es ermöglichen, im Unternehmen vorhandene Applikationen durch Regelwerke zu einem Geschäftsprozess zusammenzufassen.[46]

Vervollständigt werden die Funktionen der genannten Ebenen durch Dienste, die als Querschnittsfunktion übergreifend zu verstehen sind: [47]

> ➤ Scheduling, d.h. die zeitliche Steuerung des Prozessablaufs durch Angabe von festen Zeitpunkten oder bestimmten Ereignissen für den Datentransport,

> ➤ Monitoring, d. h. die Anzeige der definierten Prozesse mit ihrer aktuellen Statusinformation,

> ➤ Reporting, d.h. die Sammlung und Aufbereitung von Prozessdaten wie Durchsatzraten, Fehlerfälle, Zeitverbrauch etc.,

> ➤ Load-Balancing, d.h. automatische Verteilung der Last bei Lastspitzen.

EAI stellt somit einen Ansatz dar, der den strategischen Investitionsschutz durch die Möglichkeit der Weiterverwendung von Altsystemen in neuen Anwendungen

---

[45] Vgl. Winkeler, T. et al. (2000), S. 13.
[46] Vgl. Dangelmaier, W. et al. (2002), S. 66.
[47] Vgl. ebd., S. 62 f.

ermöglicht. Schnelle Reaktionen auf Marktveränderungen sowie die Vereinfachung von Fusionsprojekten werden deutlich unterstützt.[48]

2.5.3 Service Oriented Architecture (SOA)

Unter einer *Service Oriented Architecture* (SOA) versteht man das abstrakte Konzept einer Software-Architektur, die im Wesentlichen auf dem Anbieten, Suchen und Nutzen von Diensten (*Services*) in einem Netzwerk basiert. Hierfür ist es unerheblich, welche Hard- oder Software, Programmiersprache oder Betriebssystem verwendet wird. Einheitliche Standards sollen dies ermöglichen.

Die prozessorientierte Betrachtungsweise einer Anwendung rückt stärker in den Mittelpunkt. Ganze Anwendungen werden funktional zerlegt, jede einzelne Funktion als Dienst angeboten. Die Orchestrierung, also Zusammenstellung, dieser Dienste, bildet den Prozess ab, den die Anwendung erledigen soll. Dabei werden zusätzlich benötigte Teilprozesse oder Dienste, die im eigentlichen Sinne nicht zu der Anwendung gehören, über das Netzwerk gesucht, gefunden und genutzt.[49]

An den *Enterprise Service Bus* (ESB), als Infrastrukturkomponente einer SOA, werden die zu koppelnden Systeme angeschlossen bzw. adaptiert. Die Kernaufgabe besteht aus dem tatsächlichen Datenaustausch zwischen IT-Systemen mittels intelligenter Routing-Fähigkeiten und dem Anbieten zusätzlicher Dienste wie bspw. *Single Sign-On*.[50] Dabei verhält sich der ESB wie ein zentraler Knotenpunkt.[51]

Für das Verständnis einer SOA ist wichtig zu erkennen, dass es sich auch hier nicht um eine technologische Lösung oder ein Produkt handelt, sondern um ein abstraktes Konzept einer Software-Architektur.[52] Diese abstrakte Bild der Anwendung bietet damit sowohl Fachbereichen als auch der IT, in *Services* zu denken. Auch wenn damit jeweils etwas höchstens ähnliches gemeint ist. So kann

---

[48] Vgl. Heinrich, L., Lehner, F. (2005), S. 59.
[49] Vgl. Melzer, I. et al. (2007), S. 7.
[50] „Single Sign on" ermöglicht, dass man sich mit dem einmaligen Authentifizieren gegenüber diesem Dienst an allen gewünschten Anwendungen anmeldet, ohne sich jeweils neu authentifizieren zu müssen. Es reicht bspw. genau eine Benutzername/Passwort-Kombination.
[51] Vgl. Konrad, R. (o.J.), S. 2.
[52] Vgl. Melzer, I. et al (2007), S. 8.

ein „fachlicher Service", wie bspw. das Schreiben eines Lieferscheins in einem Warenwirtschaftssystem aus vielen technischen Funktionen bestehen, trotzdem unterhält man sich auf einer abstrakten Ebene über den gleichen Zusammenhang.

In einer SOA werden die für die Geschäftsprozesse benötigten Funktionalitäten als *Services* implementiert und orchestriert. Dabei können sie beispielsweise über Web-Technologien miteinander verknüpft werden. Für ihre Schnittstellen existieren standardisierte Beschreibungen.

Neu am Konzept der SOA ist der Einsatz flexibler *Services*, um die Geschäftsprozesse mit der Technik auf Basis anerkannter Standards (bspw. SOAP) zu verbinden. Anhand einer Grafik sollen beispielhaft Funktionsweise und die wichtigsten Möglichkeiten der Architektur erläutert werden.[53]

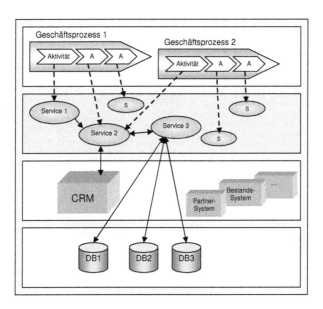

[in Anlehnung an: FSP (o.J.) S. 1.]

Abbildung 9 : Schematischer Aufbau einer SOA

---

[53] Vgl. FSP (o.J.) S. 1.

Die Geschäftsprozesse sind bspw. in BPEL (Business Process Execution Language) beschrieben, einer Pseudo-Programmiersprache zur Beschreibung von ausführbaren Geschäftsprozessen. Dabei wird die Beschreibung selber als Service bereitgestellt und kann so in Service-Verzeichnissen von anderen „Konsumenten" aufgefunden und genutzt werden.

Die *Service-Schicht*, oder auch *Enterprise Service Bus* (ESB), liefert sowohl die benötigte Anwendungsfunktionalität für die ausgeführten Aktivitäten als auch die Verbindung zwischen Aktivitäten, anderen Applikationen und Datenbanken. So sorgt beispielsweise im Geschäftsprozess 1 der Service 1 für die Anmeldung in einer Startmaske und den Datentransport zu Service 2.

Service 2 verkörpert die Funktionalität des CRM-Systems, aus dem heraus ein Service 3 verschiedene Datenbanken abfragt, abgleicht und Ergebnisse zurückliefert. Service 2 ist auch in anderen Geschäftsprozessen wieder verwendbar.[54]

2.6 SOA vs. EAI

Die Ziele von EAI und SOA sind trotz unterschiedlicher Konzeption relativ gleich: Es soll eine Integration von Anwendungen auf der Ebene der Anwendungslogik erreicht werden. Daher stellt sich die Frage, ob EAI und SOA alternative Lösungsansätze für denselben Einsatzbereich sind, oder ob es sich um ergänzende Konzepte handelt.

Zunächst einmal unterscheiden sich EAI und SOA bezüglich ihrer Architektur: EAI ist ein zentraler Ansatz, bei dem jeder Integrationspfad zwischen zwei Anwendungen über einen zentralen Broker führt. Eine SOA ist dagegen in Reinform dezentral aufgestellt. Mit dem ESB kann zwar eine zentrale Komponente installiert sein, die beteiligten Services bleiben jedoch loser verbunden als bei EAI.

Die individuellen Stärken der beiden Konzepte liegen bei EAI vor allem in der Entkopplung von Anwendungen. Eine SOA birgt ihr Potenzial dagegen in der

---

[54] Vgl. FSP (o.J.), S. 1.

losen Kopplung und Serviceorientierung auch im Sinne von fachlichen Funktionalitäten. Ein angebotener Service kann also durchaus technisch durch mehrere Anwendungen verlaufen, die mittels EAI gekoppelt sind. Diese Anwendungen auch nach den Prinzipien einer SOA zu verbinden, wäre hingegen widersprüchlich. Denn bei einer SOA sollen gerade keine Anwendungen, sondern Funktionalitäten unabhängig von ihrem Herkunftsort angeboten werden.[55]

Es ist also festzuhalten, dass SOA als Weiterentwicklung von EAI verstanden werden kann. Allerdings scheint es nicht sinnvoll, SOA als vollständigen Ersatz von EAI zu verstehen, sondern vielmehr als ergänzendes Konzept.

---

[55] Vgl. Aier, S., Schelp, J. (2008), S. 1473.

3 Fazit und Ausblick

Die vorliegende Arbeit zeigt, dass die Integration von Anwendungen seit langer Zeit ein elementarer Bestandteil um Umfeld der Unternehmensanwendungen ist. Die Zusammenarbeit von Applikationen, die ursprünglich nicht für eine Zusammenarbeit gedacht waren, kann dabei von einer Einmallösung, über wieder verwendbare Infrastrukturen, bis hin zu völlig flexiblen Architekturen erfolgen.

Die Entwicklung hat hier als vorerst letzten Evolutionsstand die Service-orientierten Architekturen hervorgebracht. Dabei ist die grundlegende Idee auch hier nicht neu und die verschiedenen Aspekte können als technische Erweiterungen von bereits bestehenden Techniken gesehen werden. Neu an den SOA sind allerdings Aspekte wie die lose Kopplung und die damit einhergehende Flexibilität von Prozessen, die so zuvor im großen Stile nicht erreicht werden konnten. Die Software von heute kann damit wesentlich prozessorientierter gestaltet werden. Auch die Möglichkeit, dass Fachbereiche selber Prozesse „IT-nah" modellieren können, bringt deutliche Vorteile. SOA ist damit kein reines IT-Thema mehr, sondern bezieht auch in die Fachbereiche mit in ein.[56]

Mit SOA wird auch die Absicht verbunden, Geschäft und IT enger abzustimmen („Business – IT – Alignment"). Diese Absicht stand zuvor nicht so ausgeprägt im Mittelpunkt. Dadurch können die Unternehmen sich ihre Wettbewerbsfähigkeit sichern, denn sie können so schneller auf sich ändernde Marktsituationen reagieren. Ob das vorliegende Geschäftsmodell sich dafür eignet, bleibt im Einzelfall zu untersuchen. Wichtig ist dabei, dass die Organisation und die Prozesse im Unternehmen so ausgerichtet sind, dass sie das Geschäftsmodell und die Anforderungen, die sich daraus ergeben, unterstützen. Auch die Tatsache, wie externe Partner (Lieferanten, Dienstleister, Kunden) in die Prozesse eingebunden sind, spielt hier eine entscheidende Rolle.[57]

Service-orientierte Architekturen haben einer weit verbreiteten Meinung nach das Potenzial, zu einem der nächsten bedeutenden Paradigmen der Informatik zu werden. Mit der Entwicklung des SOA-Konzeptes wird nach der

---

[56] Vgl. Melzer, I. et al. (2007), S. 24 f.
[57] Vgl. Konrad, R. (o.J.), S. 1.

Objektorientierung in den 1990ern ein weiteres Abstraktionsniveau erreicht. Damit kann der steigenden Komplexität der Unternehmens-IT begegnet werden. Flexible Architekturen erhöhen die Agilität der Geschäftsprozesse, vor allem im Bereich des *Electronic Business*.[58]

Die unternehmensweite und –übergreifende Einführung einer SOA bedingt in vielen Fällen auch eine Neuausrichtung der Unternehmensorganisation. Häufig sind die einzelnen Softwarelösungen für bestimmte Fachaufgaben spezialisiert und werden auch in spezialisierten Teams betreut. Schwierigkeiten treten hier bei systemübergreifenden Prozessen an den Systemgrenzen auf. Auch die Verantwortung für den Gesamtprozess ist selten analog zu der Systemverantwortung geregelt. Rollen- und Zuständigkeitskonflikte stehen hier dem Streben nach Flexibilität und Agilität im Weg.[59]

Um hier ein geeignetes Umfeld zu schaffen, sind entsprechende Strukturen im Unternehmen entweder neu zu schaffen oder so zu verändern, dass bereits in frühen Stadien von System- und Prozessanpassungen alle Betroffenen daran beteiligt werden. Solche sog. *Governance-Gremien* werden dabei sowohl auf Geschäftsleitungs- als auch auf ausführender Ebene eingesetzt. Sie setzen sich u.a. im Bereich des Anforderungs- und Servicelevelmanagements ein und treffen Grundsatzentscheidungen über verwendete Technologien.[60]

Abschließend bleibt hier zu sagen, dass die verstärkte Orientierung entlang der Geschäftsprozesse für viele Bereiche in den Unternehmen eine echte Herausforderung darstellen wird. Die Entwicklung von rein technischen Themen bis hin zu Veränderungen an den Organisationsstrukturen wird aber notwendig sein, um von den Service-orientierten Architekturen profitieren zu können.[61]

---

[58] Vgl. Manhart, K. (2006), S. 7; Melzer, I. et al. (2007), S. 18.
[59] Vgl. Melzer, I. et al. (2007), S. 28 f.
[60] Vgl. ebd., S. 36 ff.
[61] Vgl. ebd., S. 47.

4   Literaturverzeichnis

Aier, S., Schelp, J. (2008)

Aier, S., Schelp, J.: EAI und SOA – Was bleibt nach dem Hype?, in: Bichler, M. (Hrsg.), Hess. T. (Hrsg.), Krcmar, H. (Hrsg.), Lechner, U. (Hrsg.), Matthes, F. (Hrsg.), Picot, A. (Hrsg.), Speitkamp, B. (Hrsg.), Wolf, P. (Hrsg.): Konferenzpapier zur Multikonferenz Wirtschaftsinformatik 2008 (MKWI08) München, GITO-Verlag, Berlin, 2008, S. 1469-1480

Dangelmaier, W. et al. (2002)

Dangelmaier, W., Lessing, H., Pape, U., Rüther, M.: Klassifikation von EAI-Systemen, in: HMD - Praxis der Wirtschaftsinformatik, Nr. 225, dpunkt Verlag, Heidelberg, 2002, S. 61-71

Fischer, S., Tiedemann, M. (2006)

Fischer, S., Tiedemann, M.: Auswahl von Methoden und Technologien für die Integration von Anwendungen, in: WISU – Das Wirtschaftsstudium, Nr. 6/2006, Lange Verlag, Düsseldorf, 2006, S.812-817

FSP (o.J.)

FSP Gmbh (Hrsg.): Was ist SOA?, URL: http://www.fsp-gmbh.com/index.php?id=145, Zugriff am: 20.06.2008

Gamma, E. et al. (2004)

Gamma, E., Helm, R., Johnson, R., Vlissides, J.: Entwurfsmuster, Addison Wesley, München, 2004

Heinrich, L., Lehner, F. (2005)

Heinrich, L., Lehner, F.: Informationsmanagement, Oldenbourg Wissenschaftsverlag, München, 2005

Horn, T. (o.J.)

Horn, T.: Technische Kurzdokumentation, URL: http://www.torsten-horn.de/techdocs/index.htm, Zugriff am 26.06.2008

Kaib, M. (2002)

Kaib, M.: Enterprise Application Integration. Grundlagen – Integrationsprodukte - Anwendungsbeispiele, Deutscher Universitäts Verlag, Ort, 2002

Keller, W. (2002)

Keller, W.: Enterprise Application Integration. Erfahrungen aus der Praxis, dpunkt Verlag, Heidelberg, 2002

Konrad, R. (o.J.)

Konrad, R.: Mapping: Business und IT, URL: http://www.soa-know-how.de/index.php?id=45&tx_bccatsandauthors [catid]=26, Zugriff am 06.06.2008

Kudraß, T. (2005)

Kudraß, T.: Integration heterogener Datenbanken am Beispiel eines Hochschul-Informationssystems, Fachbereich Informatik an der Hochschule für Technik, Wirtschaft und Kultur, Leipzig, 2005

Lebender, M. et al. (2003)

Lebender, M., Ondrusch, N., Otto, B., Renner, T.: Business Integration Software. Werkzeuge, Anbieter, Lösungen, Fraunhofer Institut für Arbeitswirtschaft und Organisation, Stuttgart, 2003

Linthicum, D. (1999)

Linthicum, D.: Enterprise Application Integration, Addison Wesley Longman, Amsterdam, 1999

Manhart, K. (2006)

Manhart, K.: Serviceorientierte Architekturen – Grundlegende Konzepte, 28.11.2006, URL: http://www.tecchannel.de/webtechnik/soa/4562 48/, Zugriff am 05.06.2008

Martin, W. (2002)

Martin, W.: EAI im Wandel - Wertschöpfungsnetze durch kollaborative Geschäftsprozesse, it-research, Sauerlach/München, 2002

Melzer, I. et al. (2007)

Melzer, I., Werner, S., Sauter, P., Hilliger von Thile, A., Flehmig, M., Zengler, B., Dostal, W., Tröger, P., Stumm, B., Lipp, M., Jeckle, M.: Service-orientierte Architekturen mit Web Services. Konzepte – Standards - Praxis, Spektrum Akademischer Verlag, München, 2007

Ruh, W. et al. (2001)

Ruh, W., Maginnis, F., Brown, W.: Enterprise Application Integration, Wiley, New York, 2001

Saarinen, M. (2003)

Saarinen, M.: Die 10 besten Tipps für erfolgreiche Anwendungsintegration, BEA Systems GmbH, Aschheim-Dornach, 2003

Schulze, C., Koller, W. (2002)

Schulze, C., Koller, W.: Vorgehensweise bei EAI-Projekten-Theorie und Praxis, in: HMD - Praxis der Wirtschaftsinformatik, Nr. 225, dpunkt Verlag, Heidelberg, 2002, S. 114-123

Stark, C. et al. (2006)

Stark, C., Rochla, M., Nußdorfer, R., Martin, W.: Business Integration bei Generali Vienna Group: Basis für unternehmensweite Service-Orientierung, in: Kompendium Modernisierung von IT-Architekturen, Nr. 6, CSA Consulting, München, 2006

Winkeler, T. et al. (2000)   Winkeler, T., Raupach, E., Westphal, L.: EAI –
                                    Enterprise Application Integration – Die Pflicht
                                    vor der E-Business-Kür, PwC Deutsche
                                    Revision, Frankfurt a.M., 2000